K'ART NAIT DE HASARDS
suivi de
ABSENCE

© 2018, Véronique Hidalgo

Édition : BoD - Books on Demand, 12/14 rond-point des Champs-Élysées, 75008 Paris, France
Impression : BoD - Books on Demand, Norderstedt, Allemagne
ISBN : 978-2-322-16493-6
Dépôt légal : octobre 2018

"dessins Véronique Hidalgo - 24 mai au 4 juin 2016"

VÉRONIQUE HIDALGO

K'ART NAIT DE HASARDS
suivi de
ABSENCE

K'ART NAIT DE HASARDS

Pour Samba,
À Christine et Serge

Le hasard n'existe pas en tant que tel et prend tout son sens quand un ensemble de situations s'enchevêtrent, lui donne une raison d'être, une évidence, un sens certain. La magie opère là où, dans le choc des circonstances, un certain équilibre se trouve. Ne plus arriver à assembler pourrait nous mener à la dérive, voir à la folie.

Solitude *(J1-24 mai 2016)*

Solitude, hauteur de ta liberté
Sincère capacité d'aimer
Création pure.

Lettre à K. *(J2-25 mai 2016)*

Le temps se compte
Savoureux
Chaque caresse
Précieuse

Et puis il y a ces mots
Qui tel un pont
Relient l'espace de nos existences

Entre/Nous *(J3-26 mai 2016)*

Entre nous
Entre ciel et terre
Entre mer et ciel

L'horizon divise
ho ! Ciel

Volcans qui brisent la ligne

Entre nous
Reflet d'un rivage
Ombre d'espoir

Entre nous…

Echappée *(J4-27 mai 2016)*

Dans l'oubli d'un certain temps
Je perçois les limites

Prisonnière de la chair
Echappée
Imprudente
La sortie est ailleurs

Fruit rouge
Flux de ton plaisir
Laisse la magie
Percer les frontières

Au galop
Le cheval s'apaise
Sabots emmêlés
Remuent marées et sable

Légèreté lourde
Voyage
Sous les pas.

Processus *(J5-28 mai 2016)*

Pensée de poète
Posée sur papier
Dénudée de raison

Pensée sans relâche
Taillée aux éclats
Extirpée des sables, mouvante

Figée pour apaiser
Entre deux vents
En contretemps

Pensée ricochet
Onde sensible
D'une lecture éphémère

Pensée continue
Pays sans répit
Mon être chavire

Rejoignant la rive
L'immobilité me guette
En quête de tranquillité

Poème échoué
Mémoire d'un sol
Certain.

Sur l'île Poésie *(J6-29 mai 2016)*

Tu bâtiras tes mots

Point vierge qui t'incline
Respectueux des courbes
Ecoute silencieuse

Tu bâtiras tes dires

L'Amour elle te rendra
Ancrage à l'horizon
Rivage aux frontières d'eau

Tu bâtiras ton être

Terre de recueil
Peau de sable
Passage certain

Porte moi encore *(J7-30 mai 2016)*

Porte moi encore
Dans le tourment
De ce qui n'a pas commencé

Porte moi encore
Repos chaotique
D'un mortel confort

Porte moi encore
Un petit bout de mer
Vers un pied-à-terre

Porte moi encore
Sueur tragique
Des sentiments

Porte moi encore
Un petit bout de vie
Le soleil s'avère cruel

Porte moi encore
Face à tes limites
Pose moi doucement

Altérité *(J8-31 mai 2016)*

Altérité qui nous sépare
Me permet de t'aimer
Sans elle nous ne ferions qu'un
Pleurant ton absence

Nuit Végétale *(J9 -01 juin 2016)*

Rideau
Nuit végétale
Que je traverse

Aveuglément je m'accroche

La terre m'enracine
Me perd
Souffle coupé

Rideau
Nuit végétale
Que j'affronte

J'accepte tes branches peau de mes ancêtres

Sur ton toit
Je vois le monde
Je m'aperçois

Rideau
Nuit végétale
Je disparais

Eloignée du sol

Mon corps s'allège…

Dans la teneur de la nuit *(J10-02 juin 2016)*

Entre intimités elle désir
Fusionnelle
Intensément elle retient
Enveloppant
Face à l'ivresse se laisse
Existant

Dans la teneur de la nuit
elle se pose

Brise
Ephémère
Ecume d'un geste
Intemporel
Nuit pénétrante
Sans sommeil

Paysage sensible *(J11-03 juin 2016)*

Mon corps
Glisse
Vague de tourments

Douce tempête
Dans le creux
Une caresse

Au sommet
L'extase
Le feu consume

Au petit matin
Tard dans la nuit
Amertume d'une terre

Délectant chaque instant

Irrésistible point *(J12-04 juin 2016)*

Tu t'imposes finalement
Te poses fin de ligne
T'opposes à la ligne

Freinant mon élan
Je reprends

Décompose verbalement
L'horizon recomposé
Point de fuite

Vision fragmentée
D'une île envoutante

Indéchiffrable
Grandeur qui nous sépare
Sur face immaculée

Emanant de ma plume
Irrésistible

Finalement

.

ABSENCE

Il n'y a pas de règle, de théorie, de logique ni de raison à ce que j'éprouve... La tempête est à combattre face à la lutte du tremblement. La vie, qui est encore là, celle qui te contient chaque jour, ne dit pas son dernier mot.

Racines

Un regard
Familier
L'inconnu devant

Pour celui
Qui saisit
Ce qui n'est pas

Un premier baiser
Frontal

Sommet de ton être
Emmêlé…

Horizon

Noyé
Dans l'espace
Liquide

Océan
Face au regard
Plein

Débordant de
Promesses

D'une écoute,
D'un voyage,
D'une tombe,

Muette.

Trace

Eparpillée

Vide
D'un signe
Entre le sel

Empreinte de l'absence

Autour de la forme
Contour d'une histoire
D'un cri

Fil d'existence

Emporté par la vague
Soufflé par le vent

Le corps
Bout de chiffons
S'agite

Tel le drapeau
Sous la menace

D'une potence.

Songe exilé

Corps gisant
Déversé
D'une mer impuissante

Macabre déchet
Posé sur la rive
Froidement paisible

Mère
Portant son enfant
Sur l'eau trouble, migratoire

Elle tombe
Recrachant sa douleur
Étouffée

Humide berceau de la mort
Bébé sur la roche
Exilé

Traversée d'un temps
Perdu

Bonne route, bon vent, bon temps…

Notre temps enraciné
M'atteint
Suffit
Fait vivre

Comble ma chair.

Hors champ

Il est interdit
De penser
En dehors

Cette image
Nous cloisonne
À bord

Dans son champ
L'absence
Qui devrait avoir lieu

La pensée visite
Les jardins du contexte
La vue se blottit
Derrière les paupières

Sans murs

Contre-regard

Regard ouvert
Sans battement

La pensée contre le regard
Se pose

Reflet qui cache
Les profondeurs

Souvenir
Présence illusoire

Instant
Vidé d'artifices

Sans titre

Seul son crâne
Fracassé
Corps impuissant
Devant la terreur
Résignée
Dans l'espoir peut être
D'y échapper

Choc
De la meute.

Abandon

Tous ont vu
Devant le possible
Le corps sombrer

Effluve glaciale

Abandon meurtrier
D'une noyade
Alourdie d'oubli

Mort célébrée
Par une bouée
D'insultes.

Le soleil dans les yeux
Donne à voir
Ces visages incertains

La nuit
Dans l'apaisement
De l'ombre

Douceur d'un souffle
Le bruit des anges
Le vent s'écoute.

Plongée

Éclat
Sur le sol

Plus de contenant où couler
Dans les fûts de mon être.

Accolade
Familière
Me console de ces fins

Etreinte morbide
Geste las
Je vis encore

La vie
Sous la glace
Folie d'un hiver

Je la regarde de ses grands yeux
Figés
Je la regarde mourir

Printemps meurtier.

Mon corps sur la ligne

La route écrase
Sur la joue d'un macadam
Coulure de chair brûlée

Squelette sans racines
Sur le chemin de béton
Qui me dépasse

Ralenti
D'une chute
Où trépasser

Route trop grande
Sur fond vierge
Jumelé

Pas de sommet pour le regard
Pas de fosse pour ma chute
Pas de buisson entre le vide

Rond

Abreuvoir amaigri
Monde qui roule

Rond est le combat
Les drapeaux rebondissent

Vitesse de la balle
Entre les cris

Du peuple à feu.

Au gré du temps

Couleurs mélangées
Je saute du train

Couché
Sur le vert

Net

Paysage sans vitesse
Au gré de mon heure.

Tes yeux manquent aux miens

La vie parfois affecte à l'Amour
C'est une belle chose,
Certes

Les variables ont une valeur.

Merci à Josseline(s), Yannick, Kevens et Makenzy.